TRANZLATY

Language is for everyone

Bahasa adalah untuk semua orang

Beauty and the Beast

Kecantikan dan Binatang

Gabrielle-Suzanne Barbot de Villeneuve

English / Bahasa Melayu

Copyright © 2025 Tranzlaty
All rights reserved
Published by Tranzlaty
ISBN: 978-1-83566-981-5
Original text by Gabrielle-Suzanne Barbot de Villeneuve
La Belle et la Bête
First published in French in 1740
Taken from The Blue Fairy Book (Andrew Lang)
Illustration by Walter Crane
www.tranzlaty.com

There was once a rich merchant
Dahulu ada seorang saudagar yang kaya raya
this rich merchant had six children
saudagar kaya ini mempunyai enam orang anak
he had three sons and three daughters
dia mempunyai tiga anak lelaki dan tiga anak perempuan
he spared no cost for their education
dia tidak menghindarkan sebarang kos untuk pendidikan mereka
because he was a man of sense
kerana dia seorang yang berakal
but he gave his children many servants
tetapi dia memberi anak-anaknya banyak hamba
his daughters were extremely pretty
anak-anak perempuannya sangat cantik
and his youngest daughter was especially pretty
dan anak bongsunya sangat cantik
as a child her Beauty was already admired
semasa kecil kecantikannya sudah dikagumi
and the people called her by her Beauty
dan orang ramai memanggilnya dengan kecantikannya
her Beauty did not fade as she got older
kecantikannya tidak pudar apabila usianya meningkat
so the people kept calling her by her Beauty
jadi orang ramai terus memanggilnya dengan kecantikannya
this made her sisters very jealous
ini membuatkan adik-adiknya sangat cemburu
the two eldest daughters had a great deal of pride
kedua-dua anak perempuan sulung mempunyai kebanggaan yang besar
their wealth was the source of their pride
kekayaan mereka adalah sumber kebanggaan mereka
and they didn't hide their pride either
dan mereka juga tidak menyembunyikan kebanggaan mereka
they did not visit other merchants' daughters
mereka tidak menziarahi anak perempuan saudagar lain

because they only meet with aristocracy
kerana mereka hanya bertemu dengan golongan bangsawan
they went out every day to parties
mereka keluar setiap hari ke pesta
balls, plays, concerts, and so forth
bola, permainan, konsert, dan sebagainya
and they laughed at their youngest sister
dan mereka mentertawakan adik bongsu mereka
because she spent most of her time reading
kerana dia menghabiskan sebahagian besar masanya dengan membaca
it was well known that they were wealthy
diketahui umum bahawa mereka kaya raya
so several eminent merchants asked for their hand
maka beberapa saudagar terkemuka meminta tangan mereka
but they said they were not going to marry
tetapi mereka berkata mereka tidak akan berkahwin
but they were prepared to make some exceptions
tetapi mereka bersedia untuk membuat beberapa pengecualian
"perhaps I could marry a Duke"
"Mungkin saya boleh berkahwin dengan Duke"
"I guess I could marry an Earl"
"Saya rasa saya boleh berkahwin dengan Earl"
Beauty very civilly thanked those that proposed to her
Beauty sangat beradab berterima kasih kepada mereka yang melamarnya
she told them she was still too young to marry
dia memberitahu mereka dia masih terlalu muda untuk berkahwin
she wanted to stay a few more years with her father
dia mahu tinggal beberapa tahun lagi dengan ayahnya
All at once the merchant lost his fortune
Sekali gus peniaga itu kehilangan hartanya
he lost everything apart from a small country house
dia kehilangan segala-galanya selain sebuah rumah desa kecil

and he told his children with tears in his eyes:
dan dia memberitahu anak-anaknya dengan air mata di matanya:
"we must go to the countryside"
"kita mesti pergi ke luar bandar"
"and we must work for our living"
"dan kita mesti bekerja untuk hidup kita"
the two eldest daughters didn't want to leave the town
dua anak perempuan sulung itu tidak mahu meninggalkan bandar itu
they had several lovers in the city
mereka mempunyai beberapa kekasih di bandar
and they were sure one of their lovers would marry them
dan mereka pasti salah seorang kekasih mereka akan mengahwini mereka
they thought their lovers would marry them even with no fortune
mereka menyangka kekasih mereka akan mengahwini mereka walaupun tanpa harta
but the good ladies were mistaken
tetapi wanita yang baik tersilap
their lovers abandoned them very quickly
kekasih mereka meninggalkan mereka dengan cepat
because they had no fortunes any more
kerana mereka tidak mempunyai harta lagi
this showed they were not actually well liked
ini menunjukkan mereka sebenarnya tidak disenangi
everybody said they do not deserve to be pitied
semua orang berkata mereka tidak layak untuk dikasihani
"we are glad to see their pride humbled"
"Kami gembira melihat kebanggaan mereka direndahkan"
"let them be proud of milking cows"
"Biarlah mereka berbangga kerana memerah susu lembu"
but they were concerned for Beauty
tetapi mereka mementingkan kecantikan
she was such a sweet creature

dia adalah makhluk yang sangat manis
she spoke so kindly to poor people
dia bercakap dengan begitu baik kepada orang miskin
and she was of such an innocent nature
dan dia adalah seorang yang tidak bersalah
Several gentlemen would have married her
Beberapa lelaki akan berkahwin dengannya
they would have married her even though she was poor
mereka akan mengahwininya walaupun dia miskin
but she told them she couldn't marry them
tetapi dia memberitahu mereka bahawa dia tidak boleh mengahwini mereka
because she would not leave her father
kerana dia tidak akan meninggalkan ayahnya
she was determined to go with him to the countryside
dia berazam untuk pergi bersamanya ke luar bandar
so that she could comfort and help him
supaya dia dapat menghibur dan menolongnya
Poor Beauty was very grieved at first
Si cantik yang malang itu sangat bersedih pada mulanya
she was grieved by the loss of her fortune
dia berasa sedih dengan kehilangan hartanya
"but crying won't change my fortunes"
"tetapi menangis tidak akan mengubah nasib saya"
"I must try to make myself happy without wealth"
"Saya mesti cuba membahagiakan diri saya tanpa kekayaan"
they came to their country house
mereka datang ke rumah negara mereka
and the merchant and his three sons applied themselves to husbandry
dan saudagar itu dan ketiga-tiga anaknya berusaha untuk berternak
Beauty rose at four in the morning
kecantikan meningkat pada pukul empat pagi
and she hurried to clean the house
dan dia bergegas membersihkan rumah

and she made sure dinner was ready
dan dia memastikan makan malam sudah siap
in the beginning she found her new life very difficult
pada mulanya dia mendapati kehidupan barunya sangat sukar
because she had not been used to such work
kerana dia tidak biasa dengan kerja sebegitu
but in less than two months she grew stronger
tetapi dalam masa kurang dari dua bulan dia menjadi lebih kuat
and she was healthier than ever before
dan dia lebih sihat berbanding sebelum ini
after she had done her work she read
selepas dia membuat kerja dia membaca
she played on the harpsichord
dia bermain harpsichord
or she sung whilst she spun silk
atau dia menyanyi sambil memutar sutera
on the contrary, her two sisters did not know how to spend their time
sebaliknya, dua kakaknya tidak tahu bagaimana untuk menghabiskan masa mereka
they got up at ten and did nothing but laze about all day
mereka bangun pada pukul sepuluh dan tidak melakukan apa-apa selain bermalas-malasan sepanjang hari
they lamented the loss of their fine clothes
mereka meratapi kehilangan pakaian indah mereka
and they complained about losing their acquaintances
dan mereka mengadu tentang kehilangan kenalan mereka
"Have a look at our youngest sister," they said to each other
"Lihatlah adik bongsu kita," kata mereka sesama sendiri
"what a poor and stupid creature she is"
"Makhluk yang miskin dan bodoh dia"
"it is mean to be content with so little"
"Ini bermakna untuk berpuas hati dengan sedikit"
the kind merchant was of quite a different opinion

peniaga yang baik hati itu agak berbeza pendapat
he knew very well that Beauty outshone her sisters
dia tahu betul kecantikan itu mengatasi adik-adiknya
she outshone them in character as well as mind
dia mengatasi mereka dalam perwatakan serta fikiran
he admired her humility and her hard work
dia mengagumi kerendahan hati dan kerja kerasnya
but most of all he admired her patience
tetapi yang paling penting dia mengagumi kesabarannya
her sisters left her all the work to do
adik-adiknya meninggalkan semua kerja yang perlu dilakukan
and they insulted her every moment
dan mereka menghinanya setiap saat
The family had lived like this for about a year
Keluarga itu telah hidup seperti ini selama lebih kurang setahun
then the merchant got a letter from an accountant
kemudian saudagar itu mendapat surat daripada seorang akauntan
he had an investment in a ship
dia mempunyai pelaburan dalam sebuah kapal
and the ship had safely arrived
dan kapal telah selamat sampai
this news turned the heads of the two eldest daughters
t beritanya memusingkan kepala dua anak perempuan sulung itu
they immediately had hopes of returning to town
mereka segera mempunyai harapan untuk kembali ke bandar
because they were quite weary of country life
kerana mereka agak bosan dengan kehidupan desa
they went to their father as he was leaving
mereka pergi kepada bapa mereka ketika dia akan pergi
they begged him to buy them new clothes
mereka memohon supaya dia membelikan mereka pakaian baru

dresses, ribbons, and all sorts of little things
pakaian, reben, dan segala macam perkara kecil
but Beauty asked for nothing
tetapi kecantikan tidak meminta apa-apa
because she thought the money wasn't going to be enough
kerana dia fikir wang itu tidak akan mencukupi
there wouldn't be enough to buy everything her sisters wanted
tidak akan cukup untuk membeli semua yang adik-adiknya inginkan
"What would you like, Beauty?" asked her father
"Apa yang awak mahu, cantik?" tanya ayahnya
"thank you, father, for the goodness to think of me," she said
"Terima kasih, ayah, atas kebaikan untuk memikirkan saya," katanya
"father, be so kind as to bring me a rose"
"Ayah, tolonglah bawakan saya sekuntum bunga mawar"
"because no roses grow here in the garden"
"kerana tiada bunga ros tumbuh di sini di taman"
"and roses are a kind of rarity"
"dan bunga ros adalah sejenis yang jarang berlaku"
Beauty didn't really care for roses
kecantikan tidak begitu mempedulikan bunga ros
she only asked for something not to condemn her sisters
dia hanya meminta sesuatu untuk tidak mengutuk adik-adiknya
but her sisters thought she asked for roses for other reasons
tetapi adik-adiknya fikir dia meminta bunga ros atas sebab lain
"she did it just to look particular"
"dia melakukannya hanya untuk kelihatan istimewa"
The kind man went on his journey
Lelaki yang baik hati itu meneruskan perjalanannya
but when he arrived they argued about the merchandise
tetapi apabila dia tiba mereka bertengkar tentang barang dagangan itu

and after a lot of trouble he came back as poor as before
dan selepas banyak kesusahan dia kembali miskin seperti dahulu
he was within a couple of hours of his own house
dia berada dalam masa beberapa jam dari rumahnya sendiri
and he already imagined the joy of seeing his children
dan dia sudah membayangkan kegembiraan melihat anak-anaknya
but when going through forest he got lost
tapi bila melalui hutan dia tersesat
it rained and snowed terribly
hujan turun dan salji turun dengan lebat
the wind was so strong it threw him off his horse
angin sangat kuat sehingga melemparkannya dari kudanya
and night was coming quickly
dan malam tiba dengan cepat
he began to think that he might starve
dia mula berfikir bahawa dia mungkin kelaparan
and he thought that he might freeze to death
dan dia berfikir bahawa dia mungkin mati beku
and he thought wolves may eat him
dan dia fikir serigala boleh memakannya
the wolves that he heard howling all round him
serigala yang dia dengar melolong di sekelilingnya
but all of a sudden he saw a light
tapi tiba-tiba dia nampak satu cahaya
he saw the light at a distance through the trees
dia melihat cahaya dari jauh melalui pepohonan
when he got closer he saw the light was a palace
apabila dia semakin dekat dia melihat cahaya itu adalah sebuah istana
the palace was illuminated from top to bottom
istana itu diterangi dari atas ke bawah
the merchant thanked God for his luck
saudagar itu bersyukur kepada Tuhan atas nasibnya
and he hurried to the palace

dan dia bergegas ke istana
but he was surprised to see no people in the palace
tetapi dia terkejut melihat tiada orang di dalam istana
the court yard was completely empty
halaman mahkamah itu benar-benar kosong
and there was no sign of life anywhere
dan tiada tanda-tanda kehidupan di mana-mana
his horse followed him into the palace
kudanya mengikutinya ke dalam istana
and then his horse found large stable
dan kemudian kudanya mendapati kandang besar
the poor animal was almost famished
haiwan malang itu hampir kelaparan
so his horse went in to find hay and oats
jadi kudanya masuk untuk mencari jerami dan oat
fortunately he found plenty to eat
mujur dia dapat makan banyak
and the merchant tied his horse up to the manger
dan saudagar itu mengikat kudanya pada palungan
walking towards the house he saw no one
w alking menuju ke rumah dia tidak nampak sesiapa
but in a large hall he found a good fire
tetapi dalam dewan yang besar dia mendapati api yang baik
and he found a table set for one
dan dia menjumpai set meja untuk satu
he was wet from the rain and snow
dia basah oleh hujan dan salji
so he went near the fire to dry himself
jadi dia pergi dekat api untuk mengeringkan dirinya
"I hope the master of the house will excuse me"
"Saya harap tuan rumah akan maafkan saya"
"I suppose it won't take long for someone to appear"
"Saya rasa ia tidak akan mengambil masa yang lama untuk seseorang muncul"
He waited a considerable time
Dia menunggu agak lama

he waited until it struck eleven, and still nobody came
dia menunggu sehingga pukul sebelas, dan masih tiada siapa yang datang
at last he was so hungry that he could wait no longer
akhirnya dia sangat lapar sehingga dia tidak boleh menunggu lagi
he took some chicken and ate it in two mouthfuls
dia mengambil sedikit ayam dan memakannya dalam dua suapan
he was trembling while eating the food
dia terketar-ketar semasa memakan makanan itu
after this he drank a few glasses of wine
selepas ini dia minum beberapa gelas arak
growing more courageous he went out of the hall
semakin berani dia keluar dari dewan
and he crossed through several grand halls
dan dia menyeberang melalui beberapa dewan besar
he walked through the palace until he came into a chamber
dia berjalan melalui istana sehingga dia masuk ke dalam bilik
a chamber which had an exceeding good bed in it
sebuah bilik yang mempunyai katil yang sangat baik di dalamnya
he was very much fatigued from his ordeal
dia sangat penat dengan ujian yang dialaminya
and the time was already past midnight
dan waktu sudah lewat tengah malam
so he decided it was best to shut the door
jadi dia memutuskan adalah yang terbaik untuk menutup pintu
and he concluded he should go to bed
dan dia membuat kesimpulan bahawa dia harus pergi tidur
It was ten in the morning when the merchant woke up
Pukul sepuluh pagi barulah saudagar itu bangun
just as he was going to rise he saw something
baru sahaja dia hendak bangun dia ternampak sesuatu
he was astonished to see a clean set of clothes

dia terperanjat melihat satu set pakaian yang bersih
in the place where he had left his dirty clothes
di tempat dia telah meninggalkan pakaiannya yang kotor
"certainly this palace belongs to some kind fairy"
"sudah tentu istana ini kepunyaan bidadari yang baik hati"
"a fairy who has seen and pitied me"
" seorang dongeng yang telah melihat dan mengasihani saya"
he looked through a window
dia melihat melalui tingkap
but instead of snow he saw the most delightful garden
tetapi bukannya salji dia melihat taman yang paling menarik
and in the garden were the most beautiful roses
dan di taman itu terdapat bunga ros yang paling indah
he then returned to the great hall
dia kemudian kembali ke dewan besar
the hall where he had had soup the night before
dewan tempat dia makan sup pada malam sebelumnya
and he found some chocolate on a little table
dan dia menjumpai coklat di atas meja kecil
"Thank you, good Madam Fairy," he said aloud
"Terima kasih, Puan Fairy yang baik," katanya lantang
"thank you for being so caring"
"terima kasih kerana begitu mengambil berat"
"I am extremely obliged to you for all your favours"
"Saya amat bertanggungjawab kepada anda untuk semua nikmat anda"
the kind man drank his chocolate
lelaki yang baik hati itu minum coklatnya
and then he went to look for his horse
dan kemudian dia pergi mencari kudanya
but in the garden he remembered Beauty's request
tetapi di taman dia teringat permintaan kecantikan
and he cut off a branch of roses
dan dia memotong dahan bunga ros
immediately he heard a great noise
serta-merta dia mendengar bunyi yang hebat

and he saw a terribly frightful Beast
dan dia melihat seekor binatang yang amat menakutkan
he was so scared that he was ready to faint
dia sangat takut sehingga dia bersedia untuk pengsan
"You are very ungrateful," said the Beast to him
"Kamu sangat tidak berterima kasih," kata binatang itu kepadanya
and the Beast spoke in a terrible voice
dan binatang itu bercakap dengan suara yang mengerikan
"I have saved your life by allowing you into my castle"
"Saya telah menyelamatkan nyawa awak dengan membenarkan awak masuk ke dalam istana saya"
"and for this you steal my roses in return?"
"dan untuk ini awak mencuri bunga ros saya sebagai balasan?"
"The roses which I value beyond anything"
"Mawar yang saya hargai melebihi apa-apa"
"but you shall die for what you've done"
"tetapi kamu akan mati kerana apa yang kamu telah lakukan"
"I give you but a quarter of an hour to prepare yourself"
"Saya beri awak hanya seperempat jam untuk mempersiapkan diri"
"get yourself ready for death and say your prayers"
"Bersedialah untuk menghadapi kematian dan berdoalah"
the merchant fell on his knees
saudagar itu jatuh melutut
and he lifted up both his hands
dan dia mengangkat kedua tangannya
"My lord, I beseech you to forgive me"
"Tuanku, patik mohon ampunkan aku"
"I had no intention of offending you"
"Saya tidak berniat untuk menyinggung perasaan awak"
"I gathered a rose for one of my daughters"
"Saya mengumpulkan sekuntum mawar untuk salah seorang anak perempuan saya"
"she asked me to bring her a rose"

"dia minta saya bawakan sekuntum bunga ros"
"I am not your lord, but I am a Beast," replied the monster
"Saya bukan tuanmu, tetapi saya seekor binatang," jawab raksasa itu
"I don't love compliments"
"Saya tidak suka pujian"
"I like people who speak as they think"
"Saya suka orang yang bercakap seperti yang mereka fikirkan"
"do not imagine I can be moved by flattery"
"jangan bayangkan saya boleh terharu dengan sanjungan"
"But you say you have got daughters"
"Tapi awak cakap awak ada anak perempuan"
"I will forgive you on one condition"
"Saya akan maafkan awak dengan satu syarat"
"one of your daughters must come to my palace willingly"
"salah seorang anak perempuan kamu mesti datang ke istana saya dengan rela hati"
"and she must suffer for you"
"dan dia mesti menderita untuk awak"
"Let me have your word"
"Izinkan saya menyampaikan kata-kata anda"
"and then you can go about your business"
"dan kemudian anda boleh meneruskan perniagaan anda"
"Promise me this:"
"Janji dengan saya ini:"
"if your daughter refuses to die for you, you must return within three months"
"Jika anak perempuan anda enggan mati untuk anda, anda mesti kembali dalam masa tiga bulan"
the merchant had no intentions to sacrifice his daughters
saudagar itu tidak berniat untuk mengorbankan anak perempuannya
but, since he was given time, he wanted to see his daughters once more
tetapi, memandangkan dia diberi masa, dia ingin berjumpa dengan anak-anak perempuannya sekali lagi

so he promised he would return
jadi dia berjanji akan kembali
and the Beast told him he might set out when he pleased
dan binatang itu memberitahunya bahawa dia boleh pergi apabila dia mahu
and the Beast told him one more thing
dan binatang itu memberitahunya satu perkara lagi
"you shall not depart empty handed"
"kamu tidak boleh pergi dengan tangan kosong"
"go back to the room where you lay"
"Balik ke bilik tempat awak berbaring"
"you will see a great empty treasure chest"
"anda akan melihat peti harta karun yang besar"
"fill the treasure chest with whatever you like best"
"isi peti harta karun dengan apa sahaja yang anda suka"
"and I will send the treasure chest to your home"
"dan saya akan menghantar peti harta karun ke rumah anda"
and at the same time the Beast withdrew
dan pada masa yang sama binatang itu berundur
"Well," said the good man to himself
"Baiklah," kata lelaki yang baik itu kepada dirinya sendiri
"if I must die, I shall at least leave something to my children"
"Jika saya mesti mati, saya akan meninggalkan sesuatu untuk anak-anak saya"
so he returned to the bedchamber
jadi dia kembali ke bilik tidur
and he found a great many pieces of gold
dan dia mendapati banyak keping emas
he filled the treasure chest the Beast had mentioned
dia memenuhi peti harta karun yang disebut oleh binatang itu
and he took his horse out of the stable
dan dia mengeluarkan kudanya dari kandang
the joy he felt when entering the palace was now equal to the grief he felt leaving it
kegembiraan yang dirasainya ketika memasuki istana itu kini

menyamai kesedihan yang dirasainya meninggalkannya
the horse took one of the roads of the forest
kuda itu mengambil salah satu jalan di hutan
and in a few hours the good man was home
dan dalam beberapa jam lelaki yang baik itu telah pulang
his children came to him
anak-anaknya datang kepadanya
but instead of receiving their embraces with pleasure, he looked at them
tetapi daripada menerima pelukan mereka dengan senang hati, dia memandang mereka
he held up the branch he had in his hands
dia mengangkat dahan yang ada di tangannya
and then he burst into tears
dan kemudian dia menangis
"Beauty," he said, "please take these roses"
"Cantik," katanya, "tolong ambil mawar ini"
"you can't know how costly these roses have been"
"anda tidak boleh tahu betapa mahalnya bunga mawar ini"
"these roses have cost your father his life"
"bunga ros ini telah meragut nyawa ayah kamu"
and then he told of his fatal adventure
dan kemudian dia menceritakan pengembaraan mautnya
immediately the two eldest sisters cried out
serta-merta dua orang kakak sulung itu menjerit
and they said many mean things to their beautiful sister
dan mereka berkata banyak perkara jahat kepada kakak mereka yang cantik
but Beauty did not cry at all
tetapi kecantikan tidak menangis sama sekali
"Look at the pride of that little wretch," said they
"Lihatlah kebanggaan si celaka kecil itu," kata mereka
"she did not ask for fine clothes"
"dia tidak meminta pakaian yang bagus"
"she should have done what we did"
"dia sepatutnya melakukan apa yang kita lakukan"

"she wanted to distinguish herself"
"dia mahu membezakan dirinya"
"so now she will be the death of our father"
"jadi sekarang dia akan menjadi kematian ayah kita"
"and yet she does not shed a tear"
"namun dia tidak menitiskan air mata"
"Why should I cry?" answered Beauty
"Kenapa saya perlu menangis?" jawab kecantikan
"crying would be very needless"
"menangis akan menjadi sangat sia-sia"
"my father will not suffer for me"
"Ayah saya tidak akan menderita untuk saya"
"the monster will accept of one of his daughters"
"raksasa itu akan menerima salah seorang anak perempuannya"
"I will offer myself up to all his fury"
"Saya akan mempersembahkan diri saya kepada semua kemarahannya"
"I am very happy, because my death will save my father's life"
"Saya sangat gembira, kerana kematian saya akan menyelamatkan nyawa ayah saya"
"my death will be a proof of my love"
"kematianku akan menjadi bukti cintaku"
"No, sister," said her three brothers
"Tidak, kakak," kata tiga orang abangnya
"that shall not be"
"itu tidak akan menjadi"
"we will go find the monster"
"kita akan pergi mencari raksasa itu"
"and either we will kill him..."
"dan sama ada kita akan membunuhnya..."
"... or we will perish in the attempt"
"... atau kita akan binasa dalam percubaan"
"Do not imagine any such thing, my sons," said the merchant
"Jangan bayangkan perkara seperti itu, anak-anakku," kata

saudagar itu
"the Beast's power is so great that I have no hope you could overcome him"
"Kekuatan binatang itu sangat hebat sehingga saya tidak berharap anda dapat mengatasinya"
"I am charmed with Beauty's kind and generous offer"
"Saya terpesona dengan tawaran cantik dan murah hati"
"but I cannot accept to her generosity"
"tetapi saya tidak boleh menerima kemurahan hatinya"
"I am old, and I don't have long to live"
"Saya sudah tua, dan saya tidak mempunyai masa yang lama untuk hidup"
"so I can only loose a few years"
"jadi saya hanya boleh kehilangan beberapa tahun"
"time which I regret for you, my dear children"
"masa yang saya kesalkan untuk kamu, anak-anakku sayang"
"But father," said Beauty
"Tetapi ayah," kata kecantikan
"you shall not go to the palace without me"
"anda tidak boleh pergi ke istana tanpa saya"
"you cannot stop me from following you"
"Anda tidak boleh menghalang saya daripada mengikuti anda"
nothing could convince Beauty otherwise
tiada apa yang boleh meyakinkan kecantikan sebaliknya
she insisted on going to the fine palace
dia berkeras untuk pergi ke istana yang indah itu
and her sisters were delighted at her insistence
dan adik-adiknya gembira dengan desakannya
The merchant was worried at the thought of losing his daughter
Peniaga itu bimbang apabila memikirkan kehilangan anak perempuannya
he was so worried that he had forgotten about the chest full of gold
dia sangat risau sehinggakan dia terlupa tentang dada yang

penuh dengan emas
at night he retired to rest, and he shut his chamber door
pada waktu malam dia bersara untuk berehat, dan dia menutup pintu biliknya
then, to his great astonishment, he found the treasure by his bedside
kemudian, dengan kehairanan yang besar, dia mendapati harta itu di sebelah katilnya
he was determined not to tell his children
dia bertekad untuk tidak memberitahu anak-anaknya
if they knew, they would have wanted to return to town
kalau mereka tahu, pasti mereka mahu pulang ke bandar
and he was resolved not to leave the countryside
dan dia bertekad untuk tidak meninggalkan kawasan luar bandar
but he trusted Beauty with the secret
tetapi dia mempercayai kecantikan dengan rahsia itu
she informed him that two gentlemen had came
dia memberitahunya bahawa dua orang lelaki telah datang
and they made proposals to her sisters
dan mereka melamar adik-adiknya
she begged her father to consent to their marriage
dia merayu ayahnya untuk merestui perkahwinan mereka
and she asked him to give them some of his fortune
dan dia memintanya untuk memberikan mereka sebahagian daripada kekayaannya
she had already forgiven them
dia sudah memaafkan mereka
the wicked creatures rubbed their eyes with onions
makhluk jahat itu menggosok mata mereka dengan bawang
to force some tears when they parted with their sister
untuk memaksa beberapa air mata apabila mereka berpisah dengan kakak mereka
but her brothers really were concerned
tetapi abang-abangnya benar-benar prihatin
Beauty was the only one who did not shed any tears

kecantikan adalah satu-satunya yang tidak menitiskan air mata
she did not want to increase their uneasiness
dia tidak mahu menambah keresahan mereka
the horse took the direct road to the palace
kuda itu mengambil jalan terus ke istana
and towards evening they saw the illuminated palace
dan menjelang petang mereka melihat istana yang bercahaya
the horse took himself into the stable again
kuda itu membawa dirinya ke dalam kandang semula
and the good man and his daughter went into the great hall
dan lelaki yang baik dan anak perempuannya pergi ke dewan besar
here they found a table splendidly served up
di sini mereka mendapati sebuah meja yang terhidang dengan indah
the merchant had no appetite to eat
saudagar itu tidak berselera untuk makan
but Beauty endeavoured to appear cheerful
tetapi kecantikan berusaha untuk kelihatan ceria
she sat down at the table and helped her father
dia duduk di meja dan membantu ayahnya
but she also thought to herself:
tetapi dia juga berfikir pada dirinya sendiri:
"Beast surely wants to fatten me before he eats me"
"Binatang pasti mahu menggemukkan saya sebelum dia memakan saya"
"that is why he provides such plentiful entertainment"
"sebab itu dia menyediakan hiburan yang banyak"
after they had eaten they heard a great noise
selepas mereka makan mereka mendengar bunyi yang kuat
and the merchant bid his unfortunate child farewell, with tears in his eyes
dan saudagar itu mengucapkan selamat tinggal kepada anaknya yang malang itu, dengan linangan air mata
because he knew the Beast was coming

kerana dia tahu binatang itu akan datang
Beauty was terrified at his horrid form
kecantikan sangat takut dengan bentuknya yang mengerikan
but she took courage as well as she could
tetapi dia mengambil keberanian sebaik mungkin
and the monster asked her if she came willingly
dan raksasa itu bertanya kepadanya sama ada dia datang dengan rela
"yes, I have come willingly," she said trembling
"Ya, saya datang dengan rela hati," katanya terketar-ketar
the Beast responded, "You are very good"
binatang itu menjawab, "Kamu sangat baik"
"and I am greatly obliged to you; honest man"
"dan saya sangat berkewajiban kepada anda; orang yang jujur"
"go your ways tomorrow morning"
"pergilah esok pagi"
"but never think of coming here again"
"tetapi jangan pernah terfikir untuk datang ke sini lagi"
"Farewell Beauty, farewell Beast," he answered
"Selamat tinggal kecantikan, selamat tinggal binatang," jawabnya
and immediately the monster withdrew
dan segera raksasa itu berundur
"Oh, daughter," said the merchant
"Oh, anak perempuan," kata saudagar itu
and he embraced his daughter once more
dan dia memeluk anak perempuannya sekali lagi
"I am almost frightened to death"
"Saya hampir mati ketakutan"
"believe me, you had better go back"
"Percayalah, lebih baik kamu kembali"
"let me stay here, instead of you"
"biar saya tinggal di sini, bukannya awak"
"No, father," said Beauty, in a resolute tone
"Tidak, ayah," kata kecantikan, dengan nada tegas

"you shall set out tomorrow morning"
"Esok pagi kamu akan berangkat"
"leave me to the care and protection of providence"
"serahkan saya kepada pemeliharaan dan perlindungan rezeki"
nonetheless they went to bed
walau bagaimanapun mereka pergi tidur
they thought they would not close their eyes all night
mereka fikir mereka tidak akan menutup mata sepanjang malam
but just as they lay down they slept
tetapi hanya ketika mereka berbaring mereka tidur
Beauty dreamed a fine lady came and said to her:
kecantikan bermimpi seorang wanita cantik datang dan berkata kepadanya:
"I am content, Beauty, with your good will"
"Saya berpuas hati, cantik, dengan kehendak baik anda"
"this good action of yours shall not go unrewarded"
"Tindakan baik kamu ini tidak akan sia-sia"
Beauty waked and told her father her dream
kecantikan bangun dan memberitahu ayahnya mimpinya
the dream helped to comfort him a little
mimpi itu membantu untuk menghiburkannya sedikit
but he could not help crying bitterly as he was leaving
tetapi dia tidak dapat menahan tangisannya ketika dia akan pergi
as soon as he was gone, Beauty sat down in the great hall and cried too
sebaik sahaja dia pergi, kecantikan duduk di dewan besar dan menangis juga
but she resolved not to be uneasy
tetapi dia memutuskan untuk tidak berasa gelisah
she decided to be strong for the little time she had left to live
dia memutuskan untuk menjadi kuat untuk sedikit masa yang dia tinggalkan untuk hidup
because she firmly believed the Beast would eat her

kerana dia sangat percaya binatang itu akan memakannya
however, she thought she might as well explore the palace
Walau bagaimanapun, dia fikir dia juga boleh meneroka istana
and she wanted to view the fine castle
dan dia mahu melihat istana yang indah itu
a castle which she could not help admiring
sebuah istana yang dia tidak dapat mengelak mengagumi
it was a delightfully pleasant palace
ia adalah sebuah istana yang menyenangkan
and she was extremely surprised at seeing a door
dan dia sangat terkejut apabila melihat sebuah pintu
and over the door was written that it was her room
dan di atas pintu itu tertulis bahawa itu adalah biliknya
she opened the door hastily
dia membuka pintu dengan tergesa-gesa
and she was quite dazzled with the magnificence of the room
dan dia agak terpesona dengan kemegahan bilik itu
what chiefly took up her attention was a large library
apa yang paling menarik perhatiannya ialah sebuah perpustakaan yang besar
a harpsichord and several music books
sebuah harpsichord dan beberapa buku muzik
"Well," said she to herself
"Nah," katanya kepada dirinya sendiri
"I see the Beast will not let my time hang heavy"
"Saya melihat binatang itu tidak akan membiarkan masa saya tergantung berat"
then she reflected to herself about her situation
kemudian dia merenung sendiri tentang keadaannya
"If I was meant to stay a day all this would not be here"
"Jika saya dimaksudkan untuk tinggal sehari, semua ini tidak akan ada di sini"
this consideration inspired her with fresh courage
pertimbangan ini memberi inspirasi kepadanya dengan

keberanian yang segar
and she took a book from her new library
dan dia mengambil buku dari perpustakaan baharunya
and she read these words in golden letters:
dan dia membaca kata-kata ini dalam huruf emas:
"Welcome Beauty, banish fear"
"Selamat datang cantik, buang ketakutan"
"You are queen and mistress here"
"Anda adalah permaisuri dan perempuan simpanan di sini"
"Speak your wishes, speak your will"
"Cakap kehendak anda, luahkan kehendak anda"
"Swift obedience meets your wishes here"
"Ketaatan pantas memenuhi kehendak anda di sini"
"Alas," said she, with a sigh
"Aduhai," katanya sambil mengeluh
"Most of all I wish to see my poor father"
"Paling penting saya ingin melihat ayah saya yang malang"
"and I would like to know what he is doing"
"dan saya ingin tahu apa yang dia lakukan"
As soon as she had said this she noticed the mirror
Sebaik sahaja dia berkata demikian, dia melihat cermin itu
to her great amazement she saw her own home in the mirror
sangat hairan dia melihat rumahnya sendiri di cermin
her father arrived emotionally exhausted
bapanya tiba dalam keadaan letih
her sisters went to meet him
adik-adiknya pergi menemuinya
despite their attempts to appear sorrowful, their joy was visible
walaupun mereka cuba untuk kelihatan sedih, kegembiraan mereka dapat dilihat
a moment later everything disappeared
sekejap kemudian semuanya hilang
and Beauty's apprehensions disappeared too
dan kebimbangan kecantikan juga hilang
for she knew she could trust the Beast

kerana dia tahu dia boleh mempercayai binatang itu
At noon she found dinner ready
Pada tengah hari dia mendapati makan malam sudah siap
she sat herself down at the table
dia duduk di meja
and she was entertained with a concert of music
dan dia dihiburkan dengan konsert muzik
although she couldn't see anybody
walaupun dia tidak dapat melihat sesiapa pun
at night she sat down for supper again
pada waktu malam dia duduk untuk makan malam lagi
this time she heard the noise the Beast made
kali ini dia mendengar bunyi yang dibuat oleh binatang itu
and she could not help being terrified
dan dia tidak dapat menahan ketakutan
"Beauty," said the monster
"kecantikan," kata raksasa itu
"do you allow me to eat with you?"
"Awak benarkan saya makan dengan awak?"
"do as you please," Beauty answered trembling
"buat sesuka hati," jawab kecantikan terketar-ketar
"No," replied the Beast
"Tidak," jawab binatang itu
"you alone are mistress here"
"anda seorang perempuan simpanan di sini"
"you can send me away if I'm troublesome"
"awak boleh hantar saya pergi kalau saya susah"
"send me away and I will immediately withdraw"
"Hantar saya pergi dan saya akan segera menarik diri"
"But, tell me; do you not think I am very ugly?"
"Tetapi, beritahu saya; adakah anda tidak fikir saya sangat hodoh?"
"That is true," said Beauty
"Itu benar," kata kecantikan
"I cannot tell a lie"
"Saya tidak boleh bercakap bohong"

"but I believe you are very good natured"
"tetapi saya percaya awak sangat baik"
"I am indeed," said the monster
"Saya memang," kata raksasa itu
"But apart from my ugliness, I also have no sense"
"Tetapi selain dari keburukan saya, saya juga tidak mempunyai akal"
"I know very well that I am a silly creature"
"Saya tahu betul bahawa saya adalah makhluk yang bodoh"
"It is no sign of folly to think so," replied Beauty
"Ia bukan tanda kebodohan untuk berfikir begitu," jawab kecantikan
"Eat then, Beauty," said the monster
"Makan kemudian, cantik," kata raksasa itu
"try to amuse yourself in your palace"
"cuba berhibur di istanamu"
"everything here is yours"
"semua di sini adalah milik anda"
"and I would be very uneasy if you were not happy"
"dan saya akan berasa sangat tidak senang jika anda tidak gembira"
"You are very obliging," answered Beauty
"Anda sangat mewajibkan," jawab kecantikan
"I admit I am pleased with your kindness"
"Saya akui saya redha dengan kebaikan awak"
"and when I consider your kindness, I hardly notice your deformities"
"dan apabila saya mempertimbangkan kebaikan anda, saya hampir tidak menyedari kecacatan anda"
"Yes, yes," said the Beast, "my heart is good
"Ya, ya," kata binatang itu, "hati saya baik
"but although I am good, I am still a monster"
"tetapi walaupun saya baik, saya tetap raksasa"
"There are many men that deserve that name more than you"
"Terdapat ramai lelaki yang lebih berhak mendapat nama itu daripada kamu"

"and I prefer you just as you are"
"dan saya lebih suka awak seadanya"
"and I prefer you more than those who hide an ungrateful heart"
"dan aku lebih mengutamakan kamu daripada mereka yang menyembunyikan hati yang kufur"
"if only I had some sense," replied the Beast
"Sekiranya saya mempunyai akal," jawab binatang itu
"if I had sense I would make a fine compliment to thank you"
"Jika saya mempunyai akal, saya akan membuat pujian yang baik untuk mengucapkan terima kasih"
"but I am so dull"
"tetapi saya sangat membosankan"
"I can only say I am greatly obliged to you"
"Saya hanya boleh mengatakan bahawa saya sangat bertanggungjawab kepada anda"
Beauty ate a hearty supper
kecantikan makan malam yang enak
and she had almost conquered her dread of the monster
dan dia telah hampir menakluki ketakutannya terhadap raksasa itu
but she wanted to faint when the Beast asked her the next question
tetapi dia mahu pengsan apabila binatang itu bertanya kepadanya soalan seterusnya
"Beauty, will you be my wife?"
"cantik, sudikah awak menjadi isteri saya?"
she took some time before she could answer
dia mengambil sedikit masa sebelum dia boleh menjawab
because she was afraid of making him angry
kerana dia takut membuat dia marah
at last, however, she said "no, Beast"
akhirnya, bagaimanapun, dia berkata "tidak, binatang"
immediately the poor monster hissed very frightfully
serta-merta raksasa malang itu mendesis dengan sangat

menakutkan
and the whole palace echoed
dan seluruh istana bergema
but Beauty soon recovered from her fright
tetapi kecantikan segera pulih daripada ketakutannya
because Beast spoke again in a mournful voice
kerana binatang itu bercakap lagi dengan suara yang sedih
"then farewell, Beauty"
"maka selamat tinggal, cantik"
and he only turned back now and then
dan dia hanya menoleh ke belakang
to look at her as he went out
untuk melihatnya semasa dia keluar
now Beauty was alone again
kini kecantikan kembali bersendirian
she felt a great deal of compassion
dia berasa amat belas kasihan
"Alas, it is a thousand pities"
"Aduhai, seribu kesian"
"anything so good natured should not be so ugly"
"sesuatu yang berbudi pekerti yang baik seharusnya tidak begitu hodoh"
Beauty spent three months very contentedly in the palace
kecantikan menghabiskan tiga bulan dengan sangat puas di istana
every evening the Beast paid her a visit
setiap petang binatang itu melawatnya
and they talked during supper
dan mereka bercakap semasa makan malam
they talked with common sense
mereka bercakap dengan akal
but they didn't talk with what people call wittiness
tetapi mereka tidak bercakap dengan apa yang orang panggil wittiness
Beauty always discovered some valuable character in the Beast

kecantikan sentiasa menemui beberapa watak berharga dalam binatang itu

and she had gotten used to his deformity
dan dia telah terbiasa dengan kecacatannya

she didn't dread the time of his visit anymore
dia tidak takut masa lawatannya lagi

now she often looked at her watch
kini dia sering melihat jam tangannya

and she couldn't wait for it to be nine o'clock
dan dia tidak sabar menunggu sehingga pukul sembilan

because the Beast never missed coming at that hour
kerana binatang itu tidak pernah ketinggalan datang pada waktu itu

there was only one thing that concerned Beauty
hanya ada satu perkara yang mementingkan kecantikan

every night before she went to bed the Beast asked her the same question
setiap malam sebelum dia tidur, binatang itu bertanya soalan yang sama

the monster asked her if she would be his wife
raksasa itu bertanya kepadanya sama ada dia akan menjadi isterinya

one day she said to him, "Beast, you make me very uneasy"
suatu hari dia berkata kepadanya, "binatang, kamu membuat saya sangat tidak senang"

"I wish I could consent to marry you"
"Saya harap saya boleh bersetuju untuk berkahwin dengan awak"

"but I am too sincere to make you believe I would marry you"
"tetapi saya terlalu ikhlas untuk membuat awak percaya saya akan berkahwin dengan awak"

"our marriage will never happen"
"perkahwinan kita tidak akan berlaku"

"I shall always see you as a friend"
"Saya akan sentiasa melihat awak sebagai kawan"

"please try to be satisfied with this"
"sila cuba berpuas hati dengan ini"
"I must be satisfied with this," said the Beast
"Saya mesti berpuas hati dengan ini," kata binatang itu
"I know my own misfortune"
"Saya tahu nasib saya sendiri"
"but I love you with the tenderest affection"
"tetapi saya mencintai awak dengan kasih sayang yang paling lembut "
"However, I ought to consider myself as happy"
"Namun, saya patut menganggap diri saya gembira"
"and I should be happy that you will stay here"
"dan saya sepatutnya gembira awak akan tinggal di sini"
"promise me never to leave me"
"berjanjilah pada saya untuk tidak meninggalkan saya"
Beauty blushed at these words
kecantikan tersipu-sipu mendengar kata-kata ini
one day Beauty was looking in her mirror
suatu hari kecantikan sedang melihat cerminnya
her father had worried himself sick for her
bapanya telah bimbang dirinya sakit untuk dia
she longed to see him again more than ever
dia rindu untuk berjumpa dengannya lagi lebih daripada sebelumnya
"I could promise never to leave you entirely"
"Saya boleh berjanji tidak akan meninggalkan awak sepenuhnya"
"but I have so great a desire to see my father"
"tetapi saya mempunyai keinginan yang sangat besar untuk melihat ayah saya"
"I would be impossibly upset if you say no"
"Saya pasti akan kecewa jika anda berkata tidak"
"I had rather die myself," said the monster
"Saya lebih suka mati sendiri," kata raksasa itu
"I would rather die than make you feel uneasiness"
"Saya lebih rela mati daripada buat awak rasa gelisah"

"I will send you to your father"
"Saya akan menghantar awak kepada ayah awak"
"you shall remain with him"
"kamu tetap bersamanya"
"and this unfortunate Beast will die with grief instead"
"dan binatang malang ini akan mati dengan kesedihan sebaliknya"
"No," said Beauty, weeping
"Tidak," kata kecantikan sambil menangis
"I love you too much to be the cause of your death"
"Saya terlalu sayangkan awak untuk menjadi punca kematian awak"
"I give you my promise to return in a week"
"Saya berjanji kepada awak untuk kembali dalam masa seminggu"
"You have shown me that my sisters are married"
"Anda telah menunjukkan kepada saya bahawa adik-beradik saya telah berkahwin"
"and my brothers have gone to the army"
"dan saudara-saudara saya telah pergi ke tentera"
"let me stay a week with my father, as he is alone"
"Izinkan saya tinggal seminggu dengan ayah saya, kerana dia keseorangan"
"You shall be there tomorrow morning," said the Beast
"Esok pagi kamu akan berada di sana," kata binatang itu
"but remember your promise"
"tapi ingat janji awak"
"You need only lay your ring on a table before you go to bed"
"Anda hanya perlu meletakkan cincin anda di atas meja sebelum anda tidur"
"and then you will be brought back before the morning"
"dan kemudian kamu akan dibawa balik sebelum pagi"
"Farewell dear Beauty," sighed the Beast
"Selamat tinggal sayang kecantikan," keluh binatang itu
Beauty went to bed very sad that night

Beauty pergi tidur sangat sedih malam itu
because she didn't want to see Beast so worried
kerana dia tidak mahu melihat binatang begitu risau
the next morning she found herself at her father's home
keesokan paginya dia mendapati dirinya berada di rumah ayahnya
she rung a little bell by her bedside
dia menekan loceng kecil di tepi katilnya
and the maid gave a loud shriek
dan pembantu rumah itu menjerit kuat
and her father ran upstairs
dan ayahnya berlari ke tingkat atas
he thought he was going to die with joy
dia fikir dia akan mati dengan gembira
he held her in his arms for quarter of an hour
dia memegangnya dalam pelukannya selama suku jam
eventually the first greetings were over
akhirnya salam pertama selesai
Beauty began to think of getting out of bed
kecantikan mula berfikir untuk bangun dari katil
but she realized she had brought no clothes
tetapi dia sedar dia tidak membawa pakaian
but the maid told her she had found a box
tetapi pembantu rumah memberitahu dia telah menjumpai sebuah kotak
the large trunk was full of gowns and dresses
batang besar itu penuh dengan gaun dan gaun
each gown was covered with gold and diamonds
setiap gaun ditutup dengan emas dan berlian
Beauty thanked Beast for his kind care
kecantikan berterima kasih kepada binatang atas penjagaan baiknya
and she took one of the plainest of the dresses
dan dia mengambil salah satu pakaian yang paling jelas
she intended to give the other dresses to her sisters
dia berniat untuk memberikan pakaian lain kepada adik-

adiknya
but at that thought the chest of clothes disappeared
tetapi pada pemikiran itu dada pakaian hilang
Beast had insisted the clothes were for her only
binatang telah menegaskan pakaian itu adalah untuknya sahaja
her father told her that this was the case
bapanya memberitahunya bahawa ini adalah kesnya
and immediately the trunk of clothes came back again
dan serta merta belalai pakaian itu kembali semula
Beauty dressed herself with her new clothes
kecantikan berpakaian sendiri dengan pakaian barunya
and in the meantime maids went to find her sisters
dan sementara itu pembantu rumah pergi mencari adik-adiknya
both her sister were with their husbands
kedua-dua kakaknya bersama suami mereka
but both her sisters were very unhappy
tetapi kedua-dua kakaknya sangat tidak berpuas hati
her eldest sister had married a very handsome gentleman
kakak sulungnya telah berkahwin dengan seorang lelaki yang sangat kacak
but he was so fond of himself that he neglected his wife
tetapi dia terlalu sayangkan dirinya sehingga mengabaikan isterinya
her second sister had married a witty man
kakak keduanya telah berkahwin dengan seorang lelaki yang cerdik
but he used his wittiness to torment people
tetapi dia menggunakan kepandaiannya untuk menyeksa orang
and he tormented his wife most of all
dan dia paling menyeksa isterinya
Beauty's sisters saw her dressed like a princess
adik-adik kecantikan melihatnya berpakaian seperti seorang puteri

and they were sickened with envy
dan mereka muak dengan iri hati
now she was more beautiful than ever
kini dia lebih cantik dari sebelumnya
her affectionate behaviour could not stifle their jealousy
perangai penyayangnya tidak dapat menyekat rasa cemburu mereka
she told them how happy she was with the Beast
dia memberitahu mereka betapa gembiranya dia dengan binatang itu
and their jealousy was ready to burst
dan cemburu mereka sedia membuak-buak
They went down into the garden to cry about their misfortune
Mereka turun ke taman untuk menangis tentang nasib malang mereka
"In what way is this little creature better than us?"
"Dalam cara apakah makhluk kecil ini lebih baik daripada kita?"
"Why should she be so much happier?"
"Kenapa dia harus lebih gembira?"
"Sister," said the older sister
"Adik," kata kakak
"a thought just struck my mind"
"sebuah fikiran hanya terlintas di fikiran saya"
"let us try to keep her here for more than a week"
"Mari kita cuba menahannya di sini selama lebih daripada seminggu"
"perhaps this will enrage the silly monster"
"Mungkin ini akan menimbulkan kemarahan raksasa bodoh"
"because she would have broken her word"
"kerana dia akan melanggar kata-katanya"
"and then he might devour her"
"dan kemudian dia mungkin memakannya"
"that's a great idea," answered the other sister
"Itu idea yang bagus," jawab kakak yang lain

"we must show her as much kindness as possible"
"kita mesti menunjukkan kebaikan kepadanya sebanyak mungkin"
the sisters made this their resolution
saudari membuat ini resolusi mereka
and they behaved very affectionately to their sister
dan mereka sangat menyayangi kakak mereka
poor Beauty wept for joy from all their kindness
si cantik yang malang menangis kegembiraan dari segala kebaikan mereka
when the week was expired, they cried and tore their hair
apabila tamat minggu, mereka menangis dan mengoyakkan rambut mereka
they seemed so sorry to part with her
mereka kelihatan sangat menyesal berpisah dengannya
and Beauty promised to stay a week longer
dan kecantikan berjanji untuk tinggal seminggu lebih lama
In the meantime, Beauty could not help reflecting on herself
Sementara itu, kecantikan tidak dapat menahan diri daripada merenung dirinya
she worried what she was doing to poor Beast
dia bimbang apa yang dia lakukan kepada binatang malang
she know that she sincerely loved him
dia tahu bahawa dia ikhlas mencintainya
and she really longed to see him again
dan dia sangat rindu untuk berjumpa dengannya lagi
the tenth night she spent at her father's too
malam kesepuluh dia bermalam di rumah ayahnya juga
she dreamed she was in the palace garden
dia bermimpi dia berada di taman istana
and she dreamt she saw the Beast extended on the grass
dan dia bermimpi dia melihat binatang itu terbentang di atas rumput
he seemed to reproach her in a dying voice
dia seolah-olah mencelanya dengan suara yang hampir mati
and he accused her of ingratitude

dan dia menuduhnya tidak berterima kasih
Beauty woke up from her sleep
kecantikan bangun dari tidurnya
and she burst into tears
dan dia menangis
"Am I not very wicked?"
"Adakah saya tidak jahat sangat?"
"Was it not cruel of me to act so unkindly to the Beast?"
"Bukankah saya kejam untuk bertindak begitu tidak baik kepada binatang itu?"
"Beast did everything to please me"
"binatang melakukan segala-galanya untuk menggembirakan saya"
"Is it his fault that he is so ugly?"
"Adakah salahnya bahawa dia sangat hodoh?"
"Is it his fault that he has so little wit?"
"Adakah salahnya kerana dia kurang akal?"
"He is kind and good, and that is sufficient"
"Dia baik dan baik, dan itu sudah memadai"
"Why did I refuse to marry him?"
"Kenapa saya enggan kahwin dengan dia?"
"I should be happy with the monster"
"Saya sepatutnya gembira dengan raksasa itu"
"look at the husbands of my sisters"
"tengok suami adik-adik saya"
"neither wittiness, nor a being handsome makes them good"
"kecerdasan, mahupun ketampanan tidak menjadikan mereka baik"
"neither of their husbands makes them happy"
"suami mereka tidak membahagiakan mereka"
"but virtue, sweetness of temper, and patience"
"tetapi kebajikan, kemanisan perangai, dan kesabaran"
"these things make a woman happy"
"Perkara ini menggembirakan wanita"
"and the Beast has all these valuable qualities"
"dan binatang itu mempunyai semua sifat berharga ini"

"it is true; I do not feel the tenderness of affection for him"
"Memang benar; saya tidak merasakan kelembutan kasih sayang kepadanya"
"but I find I have the highest gratitude for him"
"tetapi saya rasa saya mempunyai rasa terima kasih yang paling tinggi untuknya"
"and I have the highest esteem of him"
"dan saya sangat menghormatinya"
"and he is my best friend"
"dan dia kawan baik saya"
"I will not make him miserable"
"Saya tidak akan membuatnya sengsara"
"If were I to be so ungrateful I would never forgive myself"
"Sekiranya saya tidak bersyukur, saya tidak akan memaafkan diri saya sendiri"
Beauty put her ring on the table
Beauty meletakkan cincinnya di atas meja
and she went to bed again
dan dia tidur semula
scarce was she in bed before she fell asleep
jarang dia berada di atas katil sebelum dia tertidur
she woke up again the next morning
dia bangun semula keesokan paginya
and she was overjoyed to find herself in the Beast's palace
dan dia sangat gembira kerana mendapati dirinya berada di dalam istana binatang itu
she put on one of her nicest dress to please him
dia memakai salah satu pakaiannya yang paling cantik untuk menggembirakannya
and she patiently waited for evening
dan dia sabar menunggu petang
at last the wished-for hour came
akhirnya masa yang diimpikan tiba
the clock struck nine, yet no Beast appeared
jam menunjukkan pukul sembilan, namun tiada binatang yang muncul

Beauty then feared she had been the cause of his death
kecantikan kemudian takut dia telah menjadi punca kematiannya
she ran crying all around the palace
dia berlari sambil menangis di sekeliling istana
after having sought for him everywhere, she remembered her dream
selepas mencarinya di mana-mana, dia teringat mimpinya
and she ran to the canal in the garden
dan dia berlari ke terusan di taman
there she found poor Beast stretched out
di sana dia mendapati binatang malang terbentang
and she was sure she had killed him
dan dia pasti dia telah membunuhnya
she threw herself upon him without any dread
dia melemparkan dirinya kepadanya tanpa rasa takut
his heart was still beating
jantungnya masih berdegup kencang
she fetched some water from the canal
dia mengambil sedikit air dari terusan
and she poured the water on his head
dan dia menuangkan air itu ke atas kepalanya
the Beast opened his eyes and spoke to Beauty
binatang itu membuka matanya dan bercakap tentang kecantikan
"You forgot your promise"
"Awak lupa janji awak"
"I was so heartbroken to have lost you"
"Saya sangat patah hati kerana kehilangan awak"
"I resolved to starve myself"
"Saya berazam untuk kelaparan sendiri"
"but I have the happiness of seeing you once more"
"tapi saya gembira dapat berjumpa dengan awak sekali lagi"
"so I have the pleasure of dying satisfied"
"jadi saya bersenang-senang mati dengan puas"
"No, dear Beast," said Beauty, "you must not die"

"Tidak, binatang sayang," kata kecantikan, "kamu tidak boleh mati"
"Live to be my husband"
"Hidup untuk menjadi suami saya"
"from this moment I give you my hand"
"mulai saat ini saya memberikan tangan saya"
"and I swear to be none but yours"
"dan saya bersumpah untuk menjadi milik anda"
"Alas! I thought I had only a friendship for you"
"Aduhai! Saya fikir saya hanya mempunyai persahabatan untuk awak"
"but the grief I now feel convinces me;"
"tetapi kesedihan yang saya rasakan sekarang meyakinkan saya;"
"I cannot live without you"
"Saya tidak boleh hidup tanpa awak"
Beauty scarce had said these words when she saw a light
beauty scarce telah mengucapkan kata-kata ini apabila dia melihat cahaya
the palace sparkled with light
istana berkilauan dengan cahaya
fireworks lit up the sky
bunga api menerangi langit
and the air filled with music
dan udara dipenuhi dengan muzik
everything gave notice of some great event
segala-galanya memberi notis tentang beberapa peristiwa besar
but nothing could hold her attention
tetapi tiada apa yang dapat menarik perhatiannya
she turned to her dear Beast
dia berpaling kepada binatang kesayangannya
the Beast for whom she trembled with fear
binatang yang baginya dia menggeletar ketakutan
but her surprise was great at what she saw!
tetapi kejutannya sangat hebat dengan apa yang dilihatnya!

the Beast had disappeared
binatang itu telah hilang
instead she saw the loveliest prince
sebaliknya dia melihat putera tercantik
she had put an end to the spell
dia telah menamatkan mantera itu
a spell under which he resembled a Beast
mantera di mana dia menyerupai binatang
this prince was worthy of all her attention
putera raja ini layak mendapat perhatiannya
but she could not help but ask where the Beast was
tetapi dia tidak dapat membantu tetapi bertanya di mana binatang itu
"You see him at your feet," said the prince
"Anda melihat dia di kaki anda," kata putera raja
"A wicked fairy had condemned me"
"Seorang peri jahat telah mengutuk saya"
"I was to remain in that shape until a beautiful princess agreed to marry me"
"Saya akan kekal dalam bentuk itu sehingga seorang puteri cantik bersetuju untuk mengahwini saya"
"the fairy hid my understanding"
"peri itu menyembunyikan pemahaman saya"
"you were the only one generous enough to be charmed by the goodness of my temper"
"Anda adalah satu-satunya yang cukup murah hati untuk terpesona oleh kebaikan perangai saya"
Beauty was happily surprised
kecantikan terkejut dengan gembira
and she gave the charming prince her hand
dan dia memberikan putera yang menawan tangannya
they went together into the castle
mereka pergi bersama-sama ke dalam istana
and Beauty was overjoyed to find her father in the castle
dan kecantikan sangat gembira untuk menemui bapanya di istana

and her whole family were there too
dan seluruh keluarganya juga berada di sana
even the beautiful lady that appeared in her dream was there
malah wanita cantik yang muncul dalam mimpinya juga ada di sana
"Beauty," said the lady from the dream
"Kecantikan," kata wanita dari mimpi itu
"come and receive your reward"
"Datang dan terima ganjaran anda"
"you have preferred virtue over wit or looks"
"kamu lebih mengutamakan kebaikan daripada kecerdasan atau rupa"
"and you deserve someone in whom these qualities are united"
"dan anda layak mendapat seseorang yang mempunyai sifat-sifat ini bersatu"
"you are going to be a great queen"
"anda akan menjadi ratu yang hebat"
"I hope the throne will not lessen your virtue"
"Saya harap takhta tidak akan mengurangkan kemuliaan anda"
then the fairy turned to the two sisters
kemudian pari-pari itu menoleh ke arah dua beradik itu
"I have seen inside your hearts"
"Saya telah melihat di dalam hati anda"
"and I know all the malice your hearts contain"
"dan saya tahu semua kedengkian yang terkandung dalam hati kamu"
"you two will become statues"
"kamu berdua akan menjadi patung"
"but you will keep your minds"
"tetapi anda akan menjaga fikiran anda"
"you shall stand at the gates of your sister's palace"
"Engkau hendaklah berdiri di pintu gerbang istana kakakmu"
"your sister's happiness shall be your punishment"
"kebahagiaan adikmu akan menjadi hukumanmu"

"you won't be able to return to your former states"
"anda tidak akan dapat kembali ke negeri dahulu"
"unless, you both admit your faults"
"kecuali, kamu berdua mengaku kesalahan kamu"
"but I am foresee that you will always remain statues"
"tetapi saya menjangka bahawa anda akan sentiasa menjadi patung"
"pride, anger, gluttony, and idleness are sometimes conquered"
"Kebanggaan, kemarahan, kerakusan, dan kemalasan kadangkala dikalahkan"
"but the conversion of envious and malicious minds are miracles"
" tetapi pertobatan fikiran yang iri hati dan jahat adalah mukjizat"
immediately the fairy gave a stroke with her wand
serta-merta peri itu menghentak dengan tongkatnya
and in a moment all that were in the hall were transported
dan seketika semua yang berada di dalam dewan itu diangkut
they had gone into the prince's dominions
mereka telah masuk ke dalam kekuasaan putera raja
the prince's subjects received him with joy
rakyat putera raja menerimanya dengan gembira
the priest married Beauty and the Beast
paderi berkahwin dengan kecantikan dan binatang
and he lived with her many years
dan dia tinggal bersamanya bertahun-tahun lamanya
and their happiness was complete
dan kebahagiaan mereka telah lengkap
because their happiness was founded on virtue
kerana kebahagiaan mereka diasaskan pada kebajikan

The End
Akhir

www.tranzlaty.com

www.ingramcontent.com/pod-product-compliance
Lightning Source LLC
Chambersburg PA
CBHW010020130526
44590CB00048B/3968